Contos para Estrangeiros

Daria Gałek

While every precaution has been taken in the preparation of this book, the publisher assumes no responsibility for errors or omissions, or for damages resulting from the use of the information contained herein.

CONTOS PARA ESTRANGEIROS

First edition. February 19, 2024.

Copyright © 2024 Daria Gałek.

ISBN: 979-8223811664

Written by Daria Gałek.

Sumário

Introdução

"Contos para Estrangeiros" é uma coleção de 20 contos fáceis de ler, especialmente criados para aqueles que estão começando a aprender português. As histórias são escritas em linguagem simples e apresentam personagens e situações com as quais os leitores podem facilmente se identificar, tornando-as ideais para iniciantes no idioma.

Cada conto inclui exercícios que permitem aos leitores verificar sua compreensão do texto e ampliar seu conhecimento do vocabulário e gramática portugueses.

Se você está aprendendo português pela primeira vez ou quer melhorar suas habilidades de leitura, "Contos para Estrangeiros" é uma fonte valiosa para todos interessados em aprender o idioma de forma divertida e envolvente.

Capítulo 1: A Chegada à Cidade

Maria é uma jovem que acaba de chegar à cidade em um ônibus vindo de sua vila natal. Ela tem vinte e cinco anos e está animada para começar uma nova vida na cidade. Ela carrega uma mala pequena e uma bolsa de mão enquanto caminha pelas ruas do centro da cidade. Ela se sente um pouco perdida e não tem certeza de onde ir para encontrar sua nova casa. De repente, um homem se aproxima dela e sorri.

– Olá, eu me chamo João. Precisa de ajuda? – perguntou o homem com um sorriso.

– Olá! Me chamo Maria. Acabei de chegar à cidade e não sei como encontrar minha nova casa. – respondeu Maria surpresa com a oferta de ajuda.

– Não se preocupe. Onde você mora? – perguntou João com gentileza.

– Moro na rua Borboleta, número 23.

– Isso está perto! Basta seguir por esta rua e virar à direita na rua Azul. A rua Borboleta está a duas quadras daqui. – explicou João.

– Muito obrigada! – agradeceu Maria com um sorriso aliviado.

– De nada. Tenha um bom dia! – disse João antes de se despedir.

Graças às indicações de João, Maria encontrou o caminho para casa sem nenhum problema. Ela estava animada para começar sua nova vida na cidade e planejava explorá-la nos próximos dias.

Capítulo 2: Mercearia

Maria decidiu ir à mercearia para abastecer a sua geladeira no seu novo apartamento. Quando chegou, notou que estava limpa e organizada. Maria aproximou-se de um trabalhador que estava colocando produtos nas prateleiras.

– Bom dia. – cumprimentou Maria com um sorriso. – Onde posso encontrar os vegetais?

– Bom dia. – respondeu o funcionário com amabilidade. – Os vegetais estão na seção da esquerda, no final do corredor.

– Obrigada. – agradeceu Maria com uma voz amigável. – Têm tomates e alfaces frescos?

– Sim, acabamos de receber uma nova entrega esta manhã. Estão na seção de vegetais frescos logo ali – explicou o funcionário com entusiasmo.

Maria agradeceu ao funcionário e foi à seção de verduras. Viu que havia muitos produtos frescos e bons. Pegou alguns tomates e alfaces frescas e decidiu procurar frutas.

– Também preciso de algumas frutas. Onde posso encontrá-las? – perguntou Maria com curiosidade.

– As frutas estão na seção da direita, logo após os produtos enlatados.

– Perfeito, obrigada.

Maria encontrou uma seção com frutas frescas e pegou algumas maçãs e bananas para a semana. Finalmente, Maria levou suas compras ao balcão de pagamento.

– São 10 euros ao todo, por favor – disse o funcionário com voz clara.

– Aceitam cartão de crédito? – perguntou Maria com interesse.

– Sim, aceitamos cartões de crédito e débito. Também pode pagar em dinheiro.

– Está bem, muito obrigada.

Maria pagou suas compras com cartão de crédito e saiu da mercearia, pronta para preparar seu primeiro jantar em sua nova casa.

Capítulo 3: A Reunião com os Vizinhos

Um dia, Maria recebeu um convite dos vizinhos para comparecer a uma reunião no prédio. Ela estava animada para conhecer seus vizinhos e aprender mais sobre a comunidade. A reunião estava marcada para o sábado à tarde na sala comunitária do prédio.

Maria chegou à sala comunitária e ficou surpresa ao ver tanta gente lá. Ela se aproximou de um grupo de pessoas que estavam conversando e se apresentou.

– Olá! Me chamo Pedro. Você é a nova inquilina? – perguntou um dos vizinhos.

– Sim, sou eu mesma. Me chamo Maria e me mudei para cá há alguns dias. – ela respondeu.

– Bem–vinda à comunidade! Me chamo Mariana. Você está gostando daqui? – perguntou o outro vizinho.

– Estou muito animada por estar aqui. Adoro o prédio e a localização é perfeita para mim.

– Fico feliz em ouvir isso. Está gostando da cidade até agora? – perguntou o terceiro vizinho.

– Sim, estou explorando bastante.

A reunião começou com um discurso do presidente da associação. Ele falou sobre os próximos eventos. Também foram discutidas várias questões relacionadas à renovação do prédio.

Maria se sentiu confortável com seus vizinhos e ficou animada ao ouvir sobre as atividades e eventos planejados. Ela estava contente por ter comparecido à reunião e se sentiu mais conectada com a comunidade.

Capítulo 4: O Primeiro Dia de Trabalho

Maria estava emocionada pelo seu primeiro dia de trabalho na nova empresa. Chegou cedo ao escritório e encontrou-se com o seu chefe, David.

– Olá, Maria! Fico feliz que tenhas chegado cedo. – disse David – Estás pronta para começar o teu primeiro dia de trabalho?

– Olá, David. Sim, estou muito entusiasmada para começar.

– Ótimo. Vou mostrar-te o nosso escritório.

David levou Maria pelo escritório e mostrou-lhe onde estavam as diferentes áreas e departamentos. Depois, chegaram à estação de trabalho de Maria.

– Aqui é onde vais trabalhar. – disse David – Como podes ver, tens o teu próprio computador e telefone. Agora, vou apresentar-te à equipa.

David apresentou Maria a cada um dos seus novos colegas de trabalho, incluindo o seu colega de equipa, Sebastião.

– Maria, este é o Sebastião, o teu colega de equipa. – disse David.

– Olá, Maria. – cumprimentou Sebastião com um sorriso – É um prazer conhecer-te.

– Olá, Sebastião. Estou entusiasmada por trabalhar contigo. – respondeu Maria.

– Ótimo! – disse David – Agora podes começar a trabalhar. O Sebastião vai ajudar–te com os documentos mais importantes. Bem–vinda à nossa equipa!

Depois de se encontrar com a sua equipa, Maria sentou–se à sua secretária e começou a aprender sobre o seu trabalho. Sebastião gentilmente mostrou–lhe os documentos mais importantes. Maria estava entusiasmada com as possibilidades que a esperavam no seu novo trabalho. Sentiu que tinha tomado a decisão certa ao começar a trabalhar para esta empresa. Depois do trabalho, ela foi para casa descansar.

Capítulo 5: Encontrar-se com amigos

Maria encontrou-se com os amigos para tomar um café numa cafetaria no centro da cidade. Estava animada porque já não via os amigos há muito tempo e queria partilhar com eles as suas novas experiências no trabalho.

Depois de se cumprimentarem e pedirem café, Maria iniciou a conversa:

– Como estão? Já faz muito tempo que não nos vemos!

– Bem, bem. – respondeu o seu amigo Manuel – Sim, é verdade, já faz tempo que não nos vemos.

– Sim, desde que comecei a trabalhar na nova empresa, não tenho tido muito tempo para sair.

– E como te está a correr o trabalho? Gostas do teu novo emprego? – perguntou outra amiga, Ângela.

– Sim, gosto muito. Trabalho com pessoas muito agradáveis e estou a aprender muitas coisas novas.

– E o que fazes no teu tempo livre? Tens algum novo interesse? – disse Manuel.

– Sim, recentemente comecei a aprender francês. Gosto muito e quero viajar para Paris no futuro.

Depois de um tempo de conversa, Maria percebeu que uma das suas amigas parecia preocupada.

– O que se passa? – perguntou Maria a Ângela – Pareces preocupada.

– Sim, agora mesmo estou a planear umas férias e não sei para onde ir. Não tenho ideias. – respondeu ela com tristeza.

– Queres ir comigo para França?

– A sério? Claro, ficaria encantada! – exclamou Ângela com um sorriso.

Depois do café, Maria sentiu-se feliz e relaxada. Estava contente por ter podido encontrar-se com os amigos e partilhar as suas experiências.

Capítulo 6: Uma visita à biblioteca

Maria decidiu visitar a biblioteca para encontrar alguns livros para aprender mais sobre o seu novo trabalho. Quando chegou à biblioteca, dirigiu-se à secção de negócios e começou a procurar alguns livros.

De repente, o bibliotecário aproximou-se dela e perguntou:

– Olá, o meu nome é Pablo, precisas de ajuda para encontrar algum livro?

– Sim, estou à procura de livros sobre finanças e negócios. – respondeu Maria.

– Ah, posso ajudar-te com isso. Encontraste algum livro interessante?

– Sim, encontrei alguns livros, mas não tenho a certeza se são os adequados. Poderias dar uma olhada?

– Claro. Deixa-me ver. Ah, este é um bom livro sobre finanças pessoais. E este outro sobre negócios internacionais. Acho que serão úteis para ti.

– Muito obrigada. É exatamente o que estava procurando.

Depois de selecionar os livros, Maria sentou-se numa mesa e começou a ler um deles. De repente, outro homem aproximou-se dela e perguntou:

– Olá, estás a ler aquele livro sobre finanças pessoais? É um ótimo livro, não achas?

– Sim, é. Estou a aprender bastante.

– Chamo–me Gabriel, por acaso. Trabalho numa empresa de investimentos. Se alguma vez precisares de algum conselho financeiro, não hesites em perguntar–me.

– Obrigada, Gabriel. Adoraria ouvir os teus conselhos no futuro.

Maria sentiu–se agradecida pela ajuda que recebeu de Pablo e Gabriel. Quando finalmente encontrou os livros que procurava, decidiu emprestá–los e lê–los no conforto da sua casa.

Capítulo 7: Um dia na praia

Maria acordou cedo para aproveitar um dia na praia. Era um dia ensolarado e perfeito para tomar sol e nadar no mar. Ela vestiu seu maiô, pegou uma toalha e saiu de casa em direção à praia. No entanto, ao chegar lá, percebeu que tinha esquecido seus óculos de sol em casa.

– Caramba! Esqueci meus óculos de sol em casa! – lamentou–se Maria.

Nesse momento, um rapaz se aproximou dela e ofereceu–lhe um par de óculos de sol.

– Olá, precisa de ajuda? Me chamo Miguel. – disse o rapaz.

– Olá! Me chamo Maria. Acabei de chegar à praia e percebi que esqueci meus óculos de sol em casa. – respondeu Maria surpresa com a oferta de ajuda.

– Não se preocupe, tenho um par de óculos de sol que você pode usar enquanto estiver aqui. – disse Miguel com um sorriso.

– Muito obrigada! – agradeceu Maria com um sorriso aliviado.

– De nada, espero que os aproveite. – disse Miguel antes de se despedir.

Maria passou o dia na praia tomando sol, lendo um livro e nadando no mar. Quando o sol começou a se pôr, decidiu que era hora de voltar para casa.

– Que dia maravilhoso! – disse para si mesma enquanto caminhava de volta para casa.

Depois de passar o dia na praia, Martina sentiu-se completamente relaxada e rejuvenescida. Também estava grata pela gentileza de Miguel, que lhe ofereceu os seus óculos de sol e tornou o seu dia muito mais confortável.

Capítulo 8: O piquenique de Maria e sua família

Maria e sua família decidiram fazer um piquenique no parque. A mãe de Maria preparou sanduíches de presunto e queijo, e seu pai trouxe maçãs e garrafas de água.

Maria estava animada porque adorava passar tempo ao ar livre. Sentaram—se em um cobertor e começaram a comer.

– Isso está muito gostoso! – disse Maria enquanto mastigava um sanduíche.

– Fico feliz que você tenha gostado, Maria – respondeu sua mãe com um sorriso.

Enquanto comiam, Maria viu uma criança brincando com seu cachorro.

– Que cachorro fofo! – exclamou Maria.

– Sim, ele é muito brincalhão – disse seu pai.

Depois de comer, Maria decidiu que queria brincar com o cachorro.

– Você acha que eu posso brincar com ele, papai? – perguntou Maria.

– Você precisa perguntar ao menino. – respondeu o pai.

Maria se aproximou do dono do cachorro e perguntou se poderia brincar com ele. O dono assentiu e Maria começou a brincar com o cachorro.

– Esse cachorro é muito divertido! – disse Maria enquanto o cachorro pulava e abanava o rabo.

Depois de brincar um pouco, Maria e sua família guardaram suas coisas e voltaram para casa, levando consigo as lembranças especiais de um dia divertido com risadas, comida deliciosa e momentos compartilhados no parque.

Capítulo 9: Celebrando o Aniversário

Maria estava muito animada porque hoje era seu aniversário e sua melhor amiga, Ana, tinha preparado uma surpresa especial para ela. Ana disse a ela para se encontrarem em um parque próximo para comemorarem juntas.

Quando Maria chegou ao parque, viu que Ana tinha preparado uma pequena festa surpresa com balões e um delicioso bolo de chocolate.

– Feliz aniversário, Maria! – disse Ana animada enquanto entregava um presente a ela.

– Muito obrigada, Ana! Não posso acreditar que você fez tudo isso por mim.

Depois de comer um pedaço de bolo e abrir seu presente, Maria decidiu que queria brincar no parque.

– Quer brincar de bola, Ana? – perguntou Maria.

– Claro! Vamos jogar.

Maria e Ana começaram a jogar bola enquanto riam e aproveitavam o lindo dia.

– Ai, Ana, quase me acertou com a bola! – exclamou Maria surpresa.

– Hahaha, desculpe, Maria. – respondeu Ana rindo – Vou tentar ter uma mira melhor!

Depois de brincar, Maria e Ana sentaram-se na grama para descansar e conversar sobre como o dia tinha sido bonito. Elas perceberam o quanto eram sortudas por serem amigas especiais e poderem celebrar juntas. Maria assoprou as velas do seu bolo mais uma vez, desejando que sua amizade com Ana sempre fosse forte e cheia de felicidade no futuro.

Capítulo 10: A visita ao zoológico

Maria e sua família decidiram fazer uma excursão ao zoológico. Maria estava animada porque nunca tinha ido antes e adorava animais.

Quando chegaram, compraram os ingressos e começaram a explorar o zoológico. Viram leões, girafas, macacos e muitos outros animais interessantes.

Maria estava especialmente animada para ver os pinguins. Ela adorava vê-los deslizar na água e caminhar desajeitadamente sobre o gelo.

Enquanto observavam os pinguins, Maria notou que um deles parecia triste.

– Papai, por que aquele pinguim está sozinho? – perguntou Maria, apontando para o pinguim solitário.

– Às vezes, os pinguins se separam do grupo por diferentes motivos, mas não se preocupe, é normal – respondeu seu pai.

Maria decidiu que queria fazer algo para animar o pinguim solitário. Ela lembrou que havia trazido uma barra de chocolate em sua bolsa e pensou que poderia dar ao pinguim.

– Papai, você acha que o pinguim vai querer isso? – perguntou Maria, tirando a barra de chocolate de sua bolsa.

– Não tenho certeza, mas você pode tentar – respondeu seu pai.

Maria se aproximou do pinguim e ofereceu a barra de chocolate. O pinguim pareceu curioso e se aproximou para cheirá-la. Depois de alguns momentos, o pinguim pegou a barra de chocolate com seu bico e começou a comê-la.

– Olha, papai, ele gostou! – exclamou Maria, animada.

Depois de passar o dia inteiro no zoológico, Maria e sua família voltaram para casa cansados, mas felizes. Tinham tido um dia maravilhoso vendo animais incríveis e criando memórias juntos.

Capítulo 11: A aula de yoga

Maria queria encontrar uma forma de relaxar depois de um dia de trabalho estressante, então decidiu fazer uma aula de yoga na sua academia local. Quando chegou, juntou-se a um grupo de pessoas que já estavam fazendo alongamentos e meditando.

Maria achou a aula de yoga muito relaxante e começou a gostar dela. Mas quando o instrutor pediu para ela fazer uma postura complicada, ela se sentiu um pouco insegura.

– Não tenho certeza se consigo fazer isso. – disse Maria.

– Não se preocupe, Maria. Você pode tentar. Se não conseguir, apenas faça o que puder. – respondeu o instrutor com um sorriso.

Maria se esforçou e finalmente conseguiu fazer a postura. Sentiu-se muito orgulhosa de si mesma e agradecida pela paciência do instrutor.

Depois da aula, Maria se aproximou do instrutor e perguntou se havia alguma forma de praticar yoga em casa.

– Sim, há muitos vídeos de yoga online que você pode seguir em casa. Você também pode comprar um tapete de yoga e praticar na sua sala de estar.

– Obrigada pelo conselho. Definitivamente vou tentar. – disse Maria enquanto se despedia do instrutor.

Quando chegou em casa, Maria procurou por vídeos de yoga online e começou a segui–los. Descobriu que praticar yoga em casa era muito conveniente e relaxante.

Capítulo 12: A aventura no museu

Um dia, Maria decidiu visitar o museu de sua cidade para descobrir coisas interessantes. Ela vestiu roupas confortáveis, pegou sua mochila e partiu para o museu com entusiasmo.

Ao chegar ao museu, Maria ficou maravilhada com a grande entrada e as belas esculturas que decoravam o local. Ela entrou no museu e se aproximou do balcão de informações.

– Olá! Você pode me dar informações sobre as exposições? – perguntou Maria com entusiasmo.

– Olá! Claro, temos diferentes salas com exposições de arte, história e ciência. O que você gostaria de explorar primeiro? – respondeu o funcionário gentilmente.

– Eu gostaria de começar pela sala de arte. Onde posso encontrá–la? – perguntou Maria curiosa.

– A sala de arte fica no segundo andar. Basta subir as escadas e virar à esquerda. – explicou o funcionário.

– Obrigada pela informação! – agradeceu Maria com um sorriso.

Maria subiu as escadas e entrou na sala de arte. Ela parou em frente a uma pintura e começou a admirá–la. Nesse momento, um menino chamado Nicolas se aproximou dela.

– Olá, você gosta dessa pintura? – perguntou Nicolas curioso.

– Olá! Sim, eu adoro. As cores são muito bonitas – respondeu Maria animada.

– Você sabia? Minha mãe é artista e ela me ensinou muito sobre pintura. Posso te contar mais sobre esta obra, se quiser – ofereceu Nicolas gentilmente.

– Claro! Eu adoraria ouvir mais sobre isso – disse Maria com entusiasmo.

Nicolas começou a explicar os detalhes da pintura e compartilhou alguns fatos interessantes sobre o artista. Maria estava encantada em aprender coisas novas. Finalmente, ela agradeceu a Nicolas por sua ajuda e continuou sua aventura no museu.

Capítulo 13: Cuidando do animal de estimação

Maria era uma garota responsável e amante dos animais. Um dia, seu amigo Daniel pediu um favor muito importante.

– Olá, Maria! Preciso sair da cidade e preciso que cuide do meu gato, Tomás. Você poderia fazer isso? – perguntou Daniel.

– Olá, Daniel! Claro que sim, adoraria cuidar do Tomás. Sei o quanto ele é importante para você – respondeu Maria.

Maria chegou à casa de Daniel e encontrou Tomás esperando por ela na sala. Depois de garantir que ele tivesse comida, água e brinquedos, Maria cuidou dele por vários dias. Ela também o levou ao parque, onde Tomás pôde brincar com outros gatos e aproveitar o ar livre. Maria e Tomás se tornaram amigos e se divertiram juntos.

No final da semana, Daniel retornou e Maria contou todas as aventuras que teve com Tomás.

– Obrigado, Maria! Fico feliz em saber que o Tomás esteve em boas mãos. Você é uma grande amiga – disse Daniel agradecido.

– De nada, Daniel. Cuidar do Tomás foi um verdadeiro prazer. Sempre estarei aqui para ajudar quando precisar.

Maria se despediu de Tomás com carinho, sabendo que havia formado um laço especial com ele durante o tempo juntos. Ela estava feliz por ter podido ajudar seu amigo e cuidar de seu querido animal de estimação.

Capítulo 14: O primeiro voo

Maria estava emocionada porque ia fazer sua primeira viagem de avião. Ela havia economizado dinheiro por muito tempo e finalmente chegara o dia em que ia voar para um país estrangeiro. Ela estava no aeroporto, com sua mala e seu passaporte na mão.

– Bom dia, como posso ajudá-la? – perguntou a aeromoça.

– Olá, tenho um voo para Londres. Em qual portão de embarque devo estar?

A aeromoça deu a informação sobre o portão de embarque e Maria seguiu para lá. Uma vez a bordo do avião, ela procurou seu assento e sentou ao lado de uma mulher amigável.

– Olá, este é o assento 15B? – perguntou Maria emocionada.

– Sim, é. É seu primeiro voo? – respondeu a mulher com um sorriso.

– Sim, é meu primeiro voo! – respondeu Maria emocionada – Estou tão animada, mas também um pouco nervosa.

– Não se preocupe, voos são muito seguros. Você vai se acostumar logo. – disse a mulher tranquilizando-a.

O avião decolou e Maria observava pela janela enquanto a paisagem ficava menor conforme ganhavam altitude.

– Olhe, estamos voando acima das nuvens! – exclamou Maria emocionada.

– Sim, é lindo, não é? Aproveite a viagem. – respondeu a mulher sorrindo.

Durante o voo, Maria ouvia atentamente as instruções da tripulação e seguia as indicações de apertar o cinto de segurança e desligar os dispositivos eletrônicos.

Finalmente, o avião pousou no aeroporto de Londres e Maria se despediu da mulher com quem tinha compartilhado o voo.

Capítulo 15: Festival de Música

Maria estava emocionada porque esse fim de semana estava acontecendo o festival de música em sua cidade. Ela tinha ouvido falar sobre esse evento por meses e mal podia esperar. Ela foi com seu amigo Manuel para o centro da cidade, onde o festival estava ocorrendo.

Quando chegaram ao local do festival, ficaram maravilhados com o clima festivo que reinava no local. A música ressoava em cada canto e a energia era contagiante.

– Olha, há um palco principal! Vamos lá primeiro – apontou Maria.

– Sim, com certeza! Quero ver aquela banda de rock que eu gosto tanto – disse Manuel sorrindo.

Uma vez em frente ao palco, a música começou a tocar e o palco se iluminou com luzes brilhantes. Maria e Manuel pulavam, cantavam e se deixavam levar pela energia da banda.

– Essa música é a minha favorita! Vamos aproveitar ao máximo! – gritou Maria.

Depois de um concerto emocionante, eles descobriram o palco de música latina, onde uma banda de salsa estava se apresentando.

– Eu gosto muito de música latina! Quer dançar comigo? – perguntou Maria.

– Claro, vamos aproveitar a música latina juntos! – respondeu Manuel.

Eles dançaram ao ritmo da salsa e se divertiram com os outros presentes que também estavam aproveitando o concerto.

– Que dia incrível! Estou muito feliz por termos vindo ao festival. – comentou Maria com alegria.

No final do festival, Maria se sentiu muito feliz e comentou que foi um dia fantástico. Ela mal podia esperar para voltar ao festival no próximo ano.

Capítulo 16: Passeio de Bicicleta

Maria estava animada porque era um lindo dia ensolarado e decidiu sair para dar um passeio de bicicleta. Ela colocou seu capacete e pegou sua bicicleta na garagem.

Enquanto pedalava pelas ruas da cidade, ela viu sua amiga Sofia pedalando.

– Oi Sofia! O que você está fazendo por aqui?– exclamou Maria animada.

– Oi Maria! – respondeu surpresa – Eu estava indo para o parque. Você gostaria de se juntar?

– Claro! Seria ótimo.

Maria e Sofia montaram em suas bicicletas e começaram a pedalar juntas pela ciclovia. Elas aproveitavam a brisa em seus rostos enquanto conversavam.

Elas chegaram ao parque e viram um lago com patos nadando. Decidiram parar e observá–los por um momento.

– Olha, Maria, os patinhos são tão fofos. – apontou para o lago – Eu adoro a natureza que encontramos aqui.

– Sim, é maravilhoso. – respondeu animada – Eu me sinto tão em paz cercada por tanta beleza.

Finalmente, Maria e Sofia voltaram ao ponto de partida onde tinham deixado suas bicicletas. Elas desceram e se sentaram em um banco para descansar.

– Obrigada por me convidar para este passeio de bicicleta, Sofia. – disse Maria feliz – Foi maravilhoso.

– De nada, Maria. – respondeu Sofia sorrindo – Fico feliz que você tenha gostado. Definitivamente deveríamos fazer isso mais vezes.

Com um sorriso nos rostos e o coração cheio de alegria, Maria e Sofia se despediram e concordaram em planejar mais aventuras de bicicleta juntas.

Capítulo 17: Preparando uma refeição especial

Chegara o dia em que Maria queria surpreender sua família com uma refeição especial. Ela estava animada e determinada a preparar algo delicioso. Vestiu seu avental e dirigiu-se à cozinha.

– Oi mamãe, oi papai! – exclamou Maria ao entrar em casa – Hoje quero preparar uma refeição especial para todos. Vocês gostariam de experimentar algo diferente?

– Claro, filha! – respondeu o pai – O que você tem em mente?

– Quero fazer massa com molho de tomate caseiro e almôndegas. Isso soa bem para vocês? – perguntou Maria.

– Parece delicioso! – disse a mãe animada – Precisa de ajuda?

– Seria ótimo se você me ajudasse com o molho de tomate enquanto eu faço as almôndegas.

Maria e sua mãe foram para a cozinha. Maria descascava os tomates enquanto sua mãe aquecia uma frigideira com azeite de oliva. Depois de misturar os ingredientes da receita, ela formou bolinhas e as colocou em uma assadeira. Após um tempo, o molho de tomate estava pronto e as almôndegas estavam douradas no forno.

– A comida está pronta! – exclamou Maria – Venham para a mesa.

A família saboreou a deliciosa refeição que Maria havia preparado com carinho.

– Maria, esta comida está incrível. – disse o pai com um sorriso – Você é toda uma chef!

– Estou muito orgulhosa de você, filha. – acrescentou a mãe satisfeita.

– Obrigada, mamãe, papai. – respondeu Maria com alegria – Fico feliz que tenham gostado.

Com um sorriso nos rostos, a família desfrutou de um momento especial compartilhando uma refeição deliciosa e o amor que colocaram ao prepará–la.

Capítulo 18: Uma excursão à montanha

Maria e seus amigos Pedro e Laura decidiram se aventurar em uma emocionante excursão à montanha. Eles se encontraram cedo no ponto de encontro combinado, levando mochilas com água e lanches. Começaram a caminhar pela trilha, seguindo as indicações.

– Uau, as vistas são impressionantes aqui em cima. – exclamou Maria animada.

– Sim, vale a pena cada passo que damos. – respondeu Pedro.

Continuaram subindo, apreciando a bela paisagem e descansando ao lado de um riacho. Enquanto desciam pela trilha, Pedro apontou uma árvore peculiar e exclamou:

– Olhem essa árvore gigante! Parece saída de um conto de fadas.

Maria e Laura pararam para admirar a majestosa árvore e expressaram sua emoção com um sorriso nos rostos. Depois, continuaram subindo, enfrentando terrenos difíceis. À medida que subiam, o terreno se tornava mais íngreme e desafiador.

– Não vamos desistir! Estamos quase lá. – encorajou Maria o grupo.

Finalmente, chegaram ao topo e ficaram impressionados com a vista panorâmica.

– Que lugar incrível! – disse Laura admirada.

– Vale a pena todo o esforço! – expressou Pedro emocionado.

Passaram um tempo aproveitando o momento, absorvendo a serenidade e a grandeza da natureza ao redor.

Descansaram um pouco e depois começaram a descer, levando consigo lembranças especiais.

– Foi uma experiência incrível. – agradeceu Maria – Obrigada por este dia.

– A natureza nos dá energia. – respondeu Pedro agradecido – Foi ótimo compartilhar isso com você.

Com uma sensação de satisfação e alegria, voltaram para casa, sabendo que tinham vivido uma aventura única e ansiosos por futuras explorações juntos.

Capítulo 19: Aprendendo a dançar salsa

Maria tinha decidido aprender a dançar salsa, e hoje seria sua primeira aula. Ela chegou cedo ao estúdio de dança e encontrou sua amiga Laura.

– Oi Laura! – exclamou Maria animada – Você está pronta para aprender a dançar salsa?

– Oi Maria! – respondeu Laura – Sim, estou animada, mas também um pouco nervosa. Nunca dancei salsa antes.

– Não se preocupe, tenho certeza de que faremos muito bem!

Depois de um tempo, o professor de salsa, Carlos, entrou na sala.

– Oi meninas! – disse Carlos animado – Bem–vindas à aula de salsa.

A aula começou com um aquecimento para preparar os músculos. Então, Carlos ensinou os passos básicos da salsa.

– Comece com o pé direito, dando um passo para o lado. – explicou Carlos – Em seguida, traga o pé esquerdo para o pé direito e coloque novamente o pé direito no lugar. Repita do outro lado.

Depois de praticar o passo básico, Carlos mostrou movimentos mais difíceis.

– Agora vamos fazer giros e voltas. – disse Carlos – Ouçam minhas instruções e sigam o ritmo da música.

Maria e Laura se esforçaram para seguir as instruções de Carlos. Conforme praticavam, sentiam-se mais seguras e começavam a entender o ritmo da salsa.

No final da aula, Carlos parabenizou Maria e Laura pelo progresso.

– Vocês foram muito bem meninas! Continuem praticando e logo serão excelentes bailarinas de salsa.

– Obrigada, Carlos! – agradeceu Maria – Nos vemos na próxima aula.

Com a música de salsa ecoando no estúdio, Maria e Laura saíram com energia e alegria, prontas para continuar sua aventura no mundo da dança.

Capítulo 20: Um dia de chuva em casa

Era um dia chuvoso e Maria estava em casa sem nada para fazer. Ela estava entediada e desejando que o sol brilhasse para poder sair para brincar lá fora. De repente, o telefone tocou.

– Alô! – disse Maria animada ao atender a ligação.

– Olá Maria! – respondeu sua amiga Ângela – O que você está fazendo neste dia chuvoso?

– Não muito, estou entediada em casa. – disse Maria com decepção.

– Não se preocupe! Eu tenho uma ideia. Que tal fazermos uma tarde de jogos na minha casa? – sugeriu Ângela entusiasmada.

– Isso parece ótimo! Eu adoraria. – exclamou Maria animada com a ideia de se divertir com sua amiga.

Maria se arrumou rapidamente e foi para a casa de Ângela. Ao chegar, as duas amigas se sentaram na sala e começaram a jogar seu jogo de tabuleiro favorito.

– Olha, Maria! Eu sou a vencedora! – exclamou Ângela animada ao vencer uma rodada.

– Parabéns, Ângela! Você é a melhor neste jogo. – disse Maria rindo.

Depois de várias rodadas de jogos, as meninas decidiram fazer uma pausa e tomar um lanche.

– Eu tenho biscoitos e suco. Quer algo, Maria? – perguntou Ângela gentilmente.

– Sim, por favor! Eu amo biscoitos. – respondeu Maria com entusiasmo.

Enquanto aproveitavam o lanche, ouviram o som da chuva batendo nas janelas.

– Mesmo estando em casa, nos divertimos muito! – disse Maria sorrindo.

– É verdade! Às vezes, os dias chuvosos podem ser divertidos se passarmos juntas. – disse Ângela felizmente.

Passaram o resto da tarde rindo, jogando e aproveitando a companhia uma da outra. Embora o sol não tivesse saído, Maria e Ângela transformaram um dia chuvoso em um dia cheio de diversão e risos em casa.

Exercícios dos capítulos

Capítulo 1: A Chegada à Cidade

Responda às seguintes perguntas:

1. Qual é o nome da protagonista do Capítulo 1?

2. Quantos anos Maria tem?

3. Como Maria se sente ao chegar à cidade?

4. O que Maria leva consigo enquanto caminha pelas ruas da cidade?

5. Quem é João e como ele ajuda Maria?

6. Em que rua Maria mora?

Capítulo 2: Mercearia

Complete as seguintes frases com a palavra correta:

1. Maria decidiu ir à _________________ .

2. A mercearia estava muito _________________ e organizada.

3. Maria comprou _________________ e alfaces frescas na seção de vegetais.

4. As _________________ estavam à direita dos produtos enlatados.

5. Maria comprou maçãs e _________________ na seção de frutas.

6. Maria pagou suas compras com _________________ de crédito.

Capítulo 3: A Reunião com os Vizinhos

Indique qual frase é verdadeira ou falsa:

1. Maria recebeu um convite para participar de uma reunião de vizinhos em seu novo prédio.

2. A reunião de vizinhos ocorreu no parque.

3. A reunião estava marcada para um domingo de manhã.

4. O presidente da associação falou sobre os próximos eventos.

5. Maria não se sentiu confortável com seus vizinhos durante a reunião.

6. Maria não está satisfeita com a localização do prédio.

Capítulo 4: O Primeiro Dia de Trabalho

Responda às seguintes perguntas:

1. Por que Maria estava emocionada?

a) Porque estava começando um novo trabalho.

b) Porque estava terminando seu trabalho anterior.

c) Porque estava indo de férias.

2. Quem recebeu Maria no escritório?

a) Seu amigo.

b) Seu colega de equipe.

c) Seu chefe.

3. O que David mostrou a Maria no escritório?

a) Os diferentes departamentos e áreas.

b) Os documentos importantes.

c) Os intervalos para café.

4. Quem era o colega de equipe de Maria?

a) David.

b) Sebastião.

c) Um cliente.

5. Que tarefa David atribuiu a Maria no final?

a) Que ela se apresentasse à equipe.

b) Que ela começasse a trabalhar.

c) Que ela mostrasse os documentos importantes.

6. O que Maria fez no final do primeiro dia de trabalho?

a) Reuniu-se com seu chefe para discutir seu desempenho.

b) Fez novos amigos no escritório.

c) Voltou para casa para descansar.

Capítulo 5: Encontrar-se com amigos

Indique qual frase é verdadeira ou falsa:

1. Maria tinha visto seus amigos recentemente.

2. Maria está aprendendo alemão.

3. Maria não tem tempo para sair por causa do trabalho.

4. Manuel está interessado em aprender francês.

5. Ângela estava preocupada com a falta de ideias para umas férias.

6. Maria convidou Ângela para viajar juntas para a França.

Capítulo 6: Uma visita à biblioteca

Responda às seguintes perguntas:

1. Por que Maria decidiu visitar a biblioteca?

a) Para encontrar alguns livros sobre finanças e negócios.

b) Para conhecer a Pablo e Gabriel.

c) Para passar o tempo.

2. Quem ajudou Maria a encontrar os livros adequados?

a) Gabriel.

b) O bibliotecário Pablo.

c) Maria encontrou os livros sozinha.

3. Que livro Pablo recomendou a Maria?

a) Um livro sobre ciências sociais.

b) Um livro sobre finanças pessoais.

c) Um livro sobre arte.

4. Em que Gabriel trabalha?

a) Como bibliotecário.

b) Como agente imobiliário.

c) Em uma empresa de investimentos.

5. O que Gabriel ofereceu a Maria?

a) Conselhos financeiros.

b) Um jantar grátis.

c) Uma passagem de avião.

6. O que Maria fez depois de visitar a biblioteca?

a) Foi tomar um café.

b) Voltou para casa para ler os livros.

c) Encontrou-se com seus amigos no parque.

Capítulo 7: Um dia na praia

Responda às seguintes perguntas:

1. O que Maria esqueceu em casa?

2. O que Miguel ofereceu a Maria?

3. Como Maria respondeu à oferta de ajuda?

4. O que Miguel respondeu quando Maria agradeceu?

5. O que Maria fez durante o seu dia na praia?

6. Como Maria se sentiu depois de passar o dia na praia?

Capítulo 8: O piquenique de Maria e sua família

Complete as seguintes frases com a palavra correta:

1. Maria e sua família decidiram fazer um ______________ no parque.

2. A mãe de Maria preparou ______________ de presunto e queijo.

3. O pai de Maria trouxe ______________ e garrafas de água.

4. Maria estava animada porque adorava passar tempo ao ar livre. Eles se sentaram em uma ______________ e começaram a comer.

5. Maria viu uma criança brincando com seu ______________.

6. Depois de brincar um pouco, Maria e sua família decidiram recolher tudo e voltar para ______________.

Capítulo 9: Celebrando o Aniversário

Responda às seguintes perguntas:

1. Por que Maria estava emocionada no início da história?

2. Qual surpresa especial Ana tinha preparado para Maria?

3. Onde Maria e Ana se encontraram para celebrar juntas?

4. O que Maria e Ana fizeram depois de comer bolo e abrir presentes?

5. O que aconteceu durante o jogo de bola?

6. Como Maria e Ana se sentiram no final do dia de aniversário?

Capítulo 10: A visita ao zoológico

Indique qual frase é verdadeira ou falsa:

1. Maria e sua família decidiram ir ao zoológico.

2. Maria estava animada para visitar o aquário no zoológico.

3. Maria viu muitos animais diferentes no zoológico.

4. Maria decidiu dar ao pinguim uma barra de chocolate.

5. O pinguim recusou a barra de chocolate que Maria lhe ofereceu.

6. Maria e sua família voltaram para casa cansados, mas felizes no final do dia.

Capítulo 11: A aula de yoga

Responda às seguintes perguntas:

1. O que Maria queria depois de um dia de trabalho estressante?

2. Onde Maria decidiu fazer uma aula de yoga?

3. Como Maria se sentiu quando o instrutor pediu para ela fazer uma postura complicada?

4. O que o instrutor sugeriu a Maria para praticar yoga em casa?

5. O que Maria fez quando chegou em casa?

6. O que Maria descobriu ao praticar yoga em casa?

Capítulo 12: A aventura no museu

Indique qual frase é verdadeira ou falsa:

1. Maria decidiu visitar o zoológico.

2. Maria estava com uma mochila.

3. O funcionário do museu deu a ela informações sobre as exposições.

4. Maria queria começar explorando a sala de ciências.

5. A sala de arte fica no primeiro andar.

6. Nicolas é filho de um artista.

Capítulo 13: Cuidando do animal de estimação

Completa as frases com a forma correta dos verbos entre parênteses no pretérito perfeito:

Maria _________________ (chegar) à casa de Daniel e _________________ (encontrar) Tomás esperando por ela na sala. Depois de garantir que ele _________________ (ter) comida, água e brinquedos, Maria _________________ (cuidar) dele por vários dias. Ela também o levou ao parque, onde Tomás _____________________ (poder) brincar com outros gatos e aproveitar o ar livre. Maria e Tomás se tornaram amigos e _____________________ (divertir-se) juntos.

Capítulo 14: O primeiro voo

Leia cada pergunta e escolha a opção correta (a, b ou c) que melhor completa a frase:

1. Maria _______________ seu primeiro voo de avião.

a) está

b) estará

c) estava

2. A aeromoça _______________ informações sobre o portão de embarque.

a) dá

b) deu

c) dará

3. Maria _______________ junto a uma mulher amigável no avião.

a) se senta

b) sentou-se

c) sentará

4. O avião _______________ e a paisagem _______________ mais pequena.

a) decolou / ficou

b) decolara / fica

c) decola / ficava

5. Durante o voo, Maria _______________ atentamente as instruções.

a) ouvirá

b) ouvir

c) ouvia

6. Finalmente, o avião _______________ no aeroporto de Londres.

a) pousou

b) pousai

c) pousarás

Capítulo 15: Festival de Música

Responda às seguintes perguntas:

1. Por que Maria estava emocionada?

2. Com quem Maria foi ao festival?

3. O que eles descobriram ao chegar ao local do festival?

4. Qual grupo de música Manuel queria ver?

5. Que outro palco musical eles descobriram?

6. Como Maria se sentiu no final do festival?

Capítulo 16: Passeio de Bicicleta

Complete as seguintes frases com a palavra correta:

1. Maria estava animada porque era um dia _______________.

2. Maria colocou seu _______________ e pegou sua bicicleta na _______________.

3. Maria gritou com Sofia: "¡Oi Sofia! ¿O que você _______________ fazendo por aqui?"

4. Maria e Sofia montaram em suas _______________ e começaram a _______________ juntas pela ciclovia.

5. Sofia apontou para o _______________ e exclamou: "Olha, Maria, os _______________ são tão fofos."

6. Maria agradeceu a Sofia pelo convite e disse: "Obrigada por _______________ para este passeio de bicicleta, Sofia. Foi _______________."

Capítulo 17: Preparando uma refeição especial

Indique qual frase é verdadeira ou falsa:

1. Maria queria surpreender sua família com uma refeição especial.

2. Maria decidiu preparar massa com molho de tomate caseiro e almôndegas.

3. O pai de Maria não estava interessado em experimentar algo diferente.

4. Maria e sua mãe descascaram os tomates juntas.

5. A família aproveitou a refeição preparada por Maria.

6. Maria se sentiu triste e desapontada com a reação de seus pais.

Capítulo 18: Uma excursão à montanha

Une as pares corretamente, combinando a primeira parte da frase com a segunda parte:

1. Maria e seus amigos decidiram se aventurar em uma emocionante excursão ...

2. Começaram a caminhar pela trilha, seguindo ...

3. As vistas de cima eram ...

4. Maria e Laura admiraram ...

5. À medida que subiam, o terreno se tornava ...

6. Descansaram e depois começaram a descer ...

a) ... a majestosa árvore com sorrisos.

b) ... à montanha.

c) ... impressionantes.

d) ... mais íngreme e desafiador

e) ... as indicações.

f) ... levando lembranças especiais.

Capítulo 19: Aprendendo a dançar salsa

Responda às seguintes perguntas:

1. Como Laura se sentia antes de sua primeira aula de salsa?

a) Animada e nervosa.

b) Entediada e cansada.

c) Triste e brava.

2. Com o que começou a aula de salsa?

a) Com um aquecimento.

b) Com um exame.

c) Com uma competição.

3. O que Carlos mostrou a Maria e Laura para praticarem?

a) Movimentos de breakdance.

b) Movimentos de natação.

c) Movimentos mais complexos de salsa.

4. O que fizeram Maria e Laura para seguir as instruções de Carlos?

a) Ignoraram as instruções.

b) Fizeram uma pausa.

c) Esforçaram-se para seguir as instruções.

5. O que Maria e Laura ganharam à medida que praticavam?

a) Confusão e frustração.

b) Medo e desesperança.

c) Confiança e ritmo na salsa.

6. O que Carlos fez no final da aula?

a) Os repreendeu por não fazerem direito.

b) Os parabenizou por seu progresso.

c) Cancelou a próxima aula.

Capítulo 20: Um dia de chuva em casa

Leia cada pergunta e escolha a opção correta (a, b ou c) que melhor completa a frase:

1. Maria estava ___________ em casa devido ao mau tempo.

a) triste

b) entediada

c) animada

2. Ângela propôs fazer uma tarde de __________ em sua casa.

a) jogos

b) filmes

c) compras

3. Maria mostrou-se __________ pela ideia de Ângela.

a) feliz

b) irritada

c) assustada

4. Durante a tarde, Maria e Ângela jogaram seu __________ favorito.

a) esporte

b) jogo de tabuleiro

c) instrumento musical

5. Maria e Ângela ouviram o som da chuva __________ as janelas.

a) acariciando

b) fechando

c) batendo

6. Maria disse que se divertiam muito mesmo sem __________.

a) amigos

b) presentes

c) sol

Soluções

Capítulo 1: A Chegada à Cidade

1. A protagonista se chama Maria.

2. Maria tem vinte e cinco anos.

3. Maria se sente emocionada ao chegar à cidade.

4. Maria leva uma mala pequena e uma bolsa de mão.

5. João é um homem jovem que se aproxima de Maria na rua e a ajuda a encontrar sua nova casa.

6. Maria mora na rua Borboleta, número 23.

Capítulo 2: Mercearia

1. mercearia

2. limpa

3. tomates

4. frutas

5. bananas

6. cartão

Capítulo 3: A Reunião com os Vizinhos

1. VERDADEIRO

2. FALSO

3. FALSO

4. VERDADEIRO

5. FALSO

6. FALSO

Capítulo 4: O Primeiro Dia de Trabalho

1. a)

2. c)

3. a)

4. b)

5. b)

6. c)

Capítulo 5: Encontrar–se com amigos

1. FALSO

2. FALSO

3. VERDADEIRO

4. FALSO

5. VERDADEIRO

6. VERDADEIRO

Capítulo 6: Uma visita à biblioteca

1. a)

2. b)

3. b)

4. c)

5. a)

6. b)

Capítulo 7: Um dia na praia

1. Maria esqueceu seus óculos de sol.

2. Miguel ofereceu um par de óculos de sol para Maria.

3. Maria agradeceu a Miguel com um sorriso aliviado.

4. Miguel respondeu "De nada, espero que os aproveite".

5. Maria tomou sol, leu um livro e nadou no mar.

6. Maria se sentiu relaxada e rejuvenescida.

Capítulo 8: O piquenique de Maria e sua família

1. piquenique

2. sanduíches

3. maçãs

4. manta

5. cachorro

6. casa

Capítulo 9: Celebrando o Aniversário

1. Porque era o aniversário dela.

2. Ana preparou uma pequena festa surpresa com balões e um delicioso bolo de chocolate para ela.

3. Elas se encontraram em um parque próximo.

4. Depois de comer bolo e abrir presentes, Maria e Ana decidiram brincar no parque.

5. Durante o jogo de bola, Ana quase acertou Maria com a bola.

6. No final do dia de aniversário, Maria e Ana se sentiram sortudas e felizes.

Capítulo 10: A visita ao zoológico

1. VERDADEIRO

2. FALSO

3. VERDADEIRO

4. VERDADEIRO

5. FALSO

6. VERDADEIRO

Capítulo 11: A aula de yoga

1. Maria queria relaxar e reduzir seu estresse.

2. Maria decidiu fazer uma aula de yoga em sua academia local.

3. Maria se sentiu um pouco insegura.

4. O instrutor sugeriu que ela seguisse vídeos de yoga online e praticasse em casa com um tapete de yoga.

5. Ela procurou vídeos de yoga online e começou a segui-los.

6. Maria descobriu que praticar yoga em casa era conveniente e relaxante.

Capítulo 12: A aventura no museu

1. FALSO

2. VERDADEIRO

3. VERDADEIRO

4. FALSO

5. FALSO

6. VERDADEIRO

Capítulo 13: Cuidando do animal de estimação

Maria chegou à casa de Daniel e encontrou Tomás esperando por ela na sala. Depois de garantir que ele tivesse comida, água e brinquedos, Maria cuidou dele por vários dias. Ela também o levou ao parque, onde Tomás pôde brincar com outros gatos e aproveitar o ar livre. Maria e Tomás se tornaram amigos e se divertiram juntos.

Capítulo 14: O primeiro voo

1. c)

2. b)

3. b)

4. a)

5. c)

6. a)

Capítulo 15: Festival de Música

1. Maria estava emocionada pelo festival de música.

2. Ela foi ao festival com Manuel.

3. Eles descobriram um ambiente festivo e música.

4. Manuel queria ver uma banda de rock.

5. Eles descobriram o palco de música latina.

6. Maria se sentiu feliz e satisfeita.

Capítulo 16: Passeio de Bicicleta

1. ensolarado

2. capacete, garagem

3. está

4. bicicletas, pedalar

5. lago, patinhos

6. me convidar, maravilhoso

Capítulo 17: Preparando uma refeição especial

1. VERDADEIRO

2. VERDADEIRO

3. FALSO

4. FALSO

5. VERDADEIRO

6. FALSO

Capítulo 18: Uma excursão à montanha

1. b)

2. e)

3. c)

4. a)

5. d)

6. f)

Capítulo 19: Aprendendo a dançar salsa

1. a)

2. a)

3. c)

4. c)

5. c)

6. b)

Capítulo 20: Um dia de chuva em casa

1. b)

2. a)

3. a)

4. b)

5. c)

6. c)